가라 인생

강백수 시집

시인동네 시인선 246　　　　　　　강백수 시집

가라 인생

시인동네

시인의 말

저딴 걸 누가 못 쓰냐고 하지만
정작 아무도 안 쓰는 걸 나는 쓴다.
이딴 걸 누가 읽냐고 하지만
뜻밖에 당신은 나를 만났다.

모든 활자는 엄밀히 말해 엇어걸렸다.
누구도 정확히 똑같은 주파수의 비명을
두 번 지르지는 못하므로

모든 인연과 창작이 요행이라고?
아, 인생이 장난이야?

아니라고는 차마 말 못하겠다.

웃자 웃자 웃자라자
웃으며 삽시다.

2025년 1월
강백수

차례

시인의 말

제1부

사북 · 13
뒤섞인 시간 · 14
사후세계관 · 16
맞거울의 호수 · 20
일회용 우산 · 22
시부야 · 24
Amy · 26
탕후루 · 28
F5 · 30
펑 · 32
가라 인생 · 34
이경규의 몰래카메라 · 36

제2부

퉤퉤퉤 · 41

시작점 · 42

열두 살, 열두 시 · 44

이불 킥 · 46

바버샵 · 48

고양이의 마음 · 51

Non-diatonic · 52

이윽고 또다시 명절 · 54

잠정 은퇴 · 56

이진법 · 58

명견 강삼돌 · 59

52,000km · 62

제3부

반성문 · 65

스캣 · 68

퇴위 · 70

욕 · 72

역류성 식도염 · 75

버러지 · 78

실망의 달인 · 80

오부리 · 82

워크에식(Work ethic) · 84

폭설과 블루스 · 86

탱크주의 · 88

무임금 노가다 · 90

미지와의 조우 · 92

제4부

Bass · 97

카레라이스 · 98

빌드업 · 100

충분한 시간 · 102

110cc · 104

나이롱 신자 · 106

필모그래피 · 108

비몽사몽 · 111

오토튠 · 114

오마카세 · 116

그러거나 말거나 키스를 · 118

영원한 노래 · 120

이 한 편은 당신을 위해 · 124

그대 · 126

해설 사랑의 연극 · 127
조대한(문학평론가)

제1부

사북

산 자와 죽은 자 사이에는
딴 자와 잃은 자가 있다

딴 자는 산 자보다는 조금 죽어 있고
잃은 자는 죽은 자보다는 조금 살아 있다

딴 자에게 전당포들은 왜 존재하는가
잃은 자에게 룸싸롱들은 어떤 의미일까

따 놓고도 흐르는 욕설과
잃어 놓고도 샘솟는 희망이여

그 위로 속절없이
은총처럼 눈이 내린다

뒤섞인 시간

지구에 사람이 이렇게 많은데도
아직 지구에 도착하지 않은 사람을
미리 사랑한다
이미 지구를 떠난 사람을
뒤늦게 사랑한다

그건 이를테면
아직 눈코입도 없는 태아를
벌써 사랑해서 이름을 짓고
이미 재가 되어 흩어진 고인이
아직 그리워서 이름을 쓰는 일

인스타그램과 페이스북에
초음파 사진을 공유하며
벌써부터 너를 얼마나 사랑하는지
영정사진을 공유하며
아직까지 당신을 얼마나 그리워하는지 고백하는 일

지구에 사람이 이렇게 많다지만 지구상에는
지금을 살고 있는 사람만 있는 게 아니고
올 사람을 위해 예비된 공간과
간 사람을 위해 남겨둔 공간이 있어
미래의 사람과 사랑을 하고
과거의 사람과 사랑을 한다

완벽하게 분리되지 못한
미래와 현재와 과거

사후세계관

죽음을 맞이한 순간 아이폰 알람이 울렸다
한 생애가 끝나면 아침이 밝고
빠르게 망각 프로세스가 시작된다
이불을 걷고 침대에서 내려와
정수기 앞에 설 무렵이면
프로세스는 끝나고 나는 생각한다
긴 꿈이었어
생의 구체적인 내용은 대부분 삭제되고
몇몇 장면이 먼지처럼 허공을 떠돌지만
그 역시 오래 남아 있지는 않을 것이다
가끔 티비를 보다가 길을 걷다가
저 여자 어디선가 본 것 같은데
싶은 생각이 들기도 한다
오류투성이 망각 프로세스는 가끔
어설픈 기시감을 남기기도 한다
어느 생에서 이렇게 스쳤을지도 모를
또 어느 생에선가는 평생에 걸쳐
사랑했을지도 모를 그녀는

이번 생에서는 그저 보조 출연자
아쉬울 것도 없지 꿈이라면 매일 꾸고
꿈속에서도 매일 꾸고
그 꿈속에서도 그 꿈속에서도
무한히 가지를 뻗는 생 중에
그 정도 인연쯤이야
아침이면 깨어나는 생의 원리를
대부분의 생에서는 끝까지 깨닫지 못하지만
어떤 생에서는 눈치채기도 하고
때로는 고의로 생을 끝내기도 한다
나의 확신은 단 한 번도 틀림없이 현실이 되어
오늘도 여지없이 아침이 시작되었다
별다른 설명 없이도
이번 생은 시를 쓰는 생이라는 것을 안다
서울에 살고 아내가 있고
자녀는 없고 고양이가 있다
아내를 처음 만났을 때도
처음 만난 것 같지 않았다

어느 생에선가 그러했던 것처럼
자연스레 그녀는 나의 아내가 되었다
고양이를 기르는 생을 기억해 낸 후
꿈에서 본 것과 가장 닮은 고양이를 데려왔다
아내와 고양이와 함께 잠이 드는 밤마다
매번 새롭게 피어나는 생이 끝나고
또다시 아이폰 알람이 울리면
지금의 생으로 돌아올 수 있기를 기도하지만
모든 생은 단 한 번
망각의 프로세스가 한 번 더 아내와 고양이를
누락시키기를 기원할 수밖에
이번 생이 끝나면 나는 또 새로운 생을 살 거다
아침에 일어나 이불을 걷고 침대에서 내려와
정수기 앞에 가서 생각할 거다
긴 꿈이었어
뜻밖의 장소에서 뜻밖의 사람을 만나
기시감을 느끼고
잠이 들면

또 새로운 생을 살고
또 깨어나고

맞거울의 호수

과학은 생명이 물로부터 왔다고 했고
신학은 생명이 하늘로부터 왔다고 했지
사실 그것은 다른 말이 아니다

깊은 물속에는 또다시 수면이 있다
심해어의 배 아래에서 나는 갈매기
깊이 깊이 가라앉다 보면 또다시 하늘
피어오르는 향 연기를 따라 올라가다 보면
생일케이크 촛불이 타오르고
생이 끝나고 나면 다시 잠에서 깨어
개운한 기분으로 하루를 시작할 수 있겠지

고인은 물속으로 뛰어들었다
누구는 사고라 했고 누구는 자살이라 했다
폐에 물이 차고 의식을 잃자마자 꿈에서 깼다
꼭 진짜 같은 꿈이었어, 라며 일어나 커튼을 걷었지만
다른 물속에서는 이미 그의 장례가 치러지고 있었다
담배를 꺼내 불을 붙였다

연기는 하늘로 올라가 물에 닿았고
다시 수면 위를 지나 어느 허공에 도착했고
그의 주검을 태우는 연기와 뒤섞였다

비가 내렸다
하늘과 물이 한동안 뒤섞이더니
이내 다시 수면은 잔잔해지고
아무 일도 없었다는 듯 물속으로 구름이 흘렀다

일회용 우산

영수증을 챙겨 편의점을 빠져나온다
이어폰을 꽂은 점원은 끝까지 나를 보지 않았다

아무에게도 말을 건네지 않은 하루였다
나만 함구한다면 오늘이 있었다 믿을 이는
아무도 없을 것이다
투명한 비닐우산 위로 후두둑 떨어지던 빗방울
거기 맺혔던 내 모습은 언제든
잊힐 준비가 되어 있다
휘청이는 밤이면 떠오르던 기억들

몇 년 전만 해도
그렇게도 애써 환멸하던 것들
이제는 그 자리에 무언가가 있었다는 기억만
나만 알아볼 만큼 희미한 화석처럼 남아 있는데
잊었다는 것조차 잊는다면
나도 비로소 사라질 수 있을까
아니 어쩌면 나만 함구한다면

어릴 적 그렇게 두려워하던 꿈처럼
한 번도 발설되지 않은 채
사라진 것들이 모여 사라지는 어떤 동네에서
또 아무에게도 말을 건네지 않으며
존재하지 않는 오늘을 살아갈 수 있을까
마치 누가 누가 더 흔적을 남기지 않는가
놀이를 하듯이
어디서 잃어버리곤 하는지 모를
비닐우산처럼 말없이

시부야

다음 달 17일 나는 시부야에 있을 거다 히키니쿠토 코메에서 함바그를 먹기 위해 번호표를 받을 거다 번호표는 아홉 시부터 배부하지만 여덟 시쯤 가서 미리 대기해야 원하는 시간에 먹을 수 있다 점심이 되기까지 카페에서 책을 읽고 시를 쓰다 열한 시쯤 되어서 가게에 들어갈 거다 밥과 장국이 나오고 함바그는 한 덩어리씩 세 번 나올 거다 풍부한 육즙과 적당한 식감에 감탄하며 하이볼을 한 잔 주문할 거다 시부야역 스타벅스에 가서 스크램블 교차로를 건너는 인파를 볼 거다 그들을 배경으로 사진을 찍으며 아이스 아메리카노를 마실 거다 다이칸야마를 향해 걸을 거다 고급 주택들 사이사이에 있는 독특한 점포들을 구경할 거다 츠타야 서점에 갈 거다 책이 아니라 라이프스타일을 판다는 말이 이래서 나왔구나 생각할 거다 다시 시부야로 돌아와 스크램블 스퀘어 식당가에 있는 모헤지에 갈 거다 몬자야끼와 야끼소바를 주문할 거다 음식 사진을 인스타그램에 올릴 거다 몬자야끼는 매력 있지만 다 먹어갈 무렵에는 조금 질리기도 할 거다 야끼소바는 조금 짤 거다 시부야 스카이 전망대에서 야경을 볼 거다 서울에 있는 롯데타워 전망대에서 본 야경과 비교할 거다 서울과 도쿄의

경치가 어떻게 다른지 인스타그램에 적고 호텔로 돌아갈 거다

  나는 다음 달 17일을 이미 살았다 블로그와 유튜브와 여행책과 며칠째 꾸고 있는 꿈으로 그러나 굳이 시부야에 갈 거다 이미 경험한 것들을 확인하러 가는 것인지 그 경험에 어떠한 변수가 있을지 확인하고 싶은 것인지 사실 나는 다음 달 17일 뿐만 아니라 거의 모든 미래를 알고 있다 블로그와 유튜브와 여행책이 아니더라도 대충 어떻게 살다가 언제쯤 어떻게 죽을지 정도는 알 수 있다 다 알면서도 굳이 산다 나는 무엇을 확인하고 싶은 것인가

Amy

이상한 일이지
어제까지만 해도 관심도 없던 그대에게
오늘 갑자기 호기심이 생기다니
그것도 그대의 부고를 계기로

포털사이트에서 그대의 사망 기사를 읽고
처음으로 그대의 노래를 들었다
런던 상공을 채 떠나지 못했을 목소리는
가득 따른 빨간 포도주처럼 넘실거렸다

두 장의 앨범을 밤새 듣다 나는 깨달았다
오늘 밤 내 마음을 그대에게 빼앗겼음을
그러나 그대의 영혼은 이미 저 위로 위로
매캐한 연기에 뒤섞여 저 위로 위로

어쩌면 그대의 아름다움은
이른 죽음으로 완성되었는지도 모른다
얼핏 흘러들었던 과거의 목소리가

비극적 결말로 인해 더욱 또렷해진다

내 심장에 그대는
죽음으로 인해 피어난 꽃
위스키 한 잔으로 물을 준다
술은 물속에 도사린 죽음이니

조금 늦게 그대를 알았음이 아쉽지만
늦지 않았으면 알지도 못했을 그대라
결국 아쉬움도 부질없는 것
이렇게라도 만나서 다행이야 에이미

탕후루

어느새 노인이 되어 눈이 먼 그는 말했다
안 먹어본 게 먹고 싶구나
무엇을 안 잡숴 보셨나요 묻자
그는 한심하다는 투로
그걸 어떻게 알겠나, 안 먹어 봤는데
하고 대답했다

노친네, 그 연세를 잡숫도록
도대체 안 잡숴 본 게 뭐가 있단 말이야
중얼대며 한참을 걷다가
나는 드디어 무언가를 발견했다

이게 무엇인가
탕후루라는 음식입니다
음식이라고
그는 성치 않은 이와 잇몸으로 매끈한 표면을 깨어보려다
이내 포기하고는 말했다
사탕이구만

답답했던 나는 설탕 코팅을 부수고
그 안에 있던 예쁜 내용물들을
그의 입안에 넣어주었다
잠시 오물거리더니 그는 말했다
과일이구만
잔뜩 실망한 표정의 그에게
그렇게 치면 세상에 새로운 게 무엇이 있냐며
짜증을 내고 병실을 나섰다

이윽고 날아든 부고 속에서
나는 한 번도 본 적 없는 그의 웃는 얼굴을 떠올렸다
그렇지 삶 너머의 세상은
처음 보는 것들로 가득할지도 모르겠군요
이제 좀 성에 차십니까

F5

내 머리 뚜껑을 열고
정비공은 경악스런 표정을 지었다

어후, 이거 고치는 비용보다
새로 사는 비용이 싸겠는데요

그래요?
얼마 안 쓴 건데

평소에 좀 험하게 다루셨나 봐
이건 습관 문제에요

어떻게 안 될까요?
살릴 수 있는 건 살리고

못 쓸 것 같아요
새로 사시는 게 아무래도

그래서 오늘은
새로 살기로 한 첫날이다

조심조심
좋은 것만 집어넣고

죽은 듯이 오래오래
살아볼 작정이다

펑

뚜르르 뚜르르
통화연결음이 멈추고 너의 목소리가 들려올 무렵
공교롭게도 재채기가 나오려고 했다
나올락 말락 나올락 말락
말이 없는 나를 채근하는 여보세요
담뱃불을 비벼 끄듯 콧등을 세게 비비고
나는 겨우 말을 꺼냈다 -그냥
그 말을 너는 도통 믿지 않는다
무슨 일 있냐 왜 머뭇거렸어
재채기가 나오려고 해서
정말 무슨 일 있는 거 아니지
아니래도, 무슨 일이 있겠어
예전에 너와 다한증에 대해 이야기한 적이 있었지
손에 땀이 많이 나서 짜증 난다기에
그거 수술하면 괜찮아지지 않아?
그럼 다른 데서 또 땀이 터질 수 있어
재수 없으면 엉덩이 같은 데 땀이 펑펑 나는 거지
가까스로 삼킨 재채기가 어딘가에서 펑 터져 나오는 건 아

닐까
   그런데 주변이 좀 시끄러운 것 같네
   티비를 켜놨거든 근데 의외네 네가 그냥 전화를 다 하고
   사실 그냥은 아니고, 라고
   말할까 말까 말할까 말까
   머뭇거리다 나는 가짜 재채기를 해버렸다
   어떤 말은 그냥 삼켜버리는 게 나으니까
   그런데 그 말이 어디 다른 데서 새어 나오면 어떡하지
   언젠가 절대로 그 말을 해서는 안 되는 순간 펑 하고 튀어나
오면
   정말 나는 어떡하지
   그동안 삼켰던 말들을 곱씹어본다
   사랑해가 나와야 할 때 씨발이 나오고
   꺼져가 나와야 할 때 미안해가 나오면 어떡하지
   그래 오늘은 더 이상 아무것도 삼키지 말아야지
   사실 말야
   에취

가라 인생

꽉 막힌 올림픽대로
하품을 하던 택시기사가 묻는다
손님은 무슨 일을 하십니까
노량진에서 회 뜹니다
낯선 사람이 나에 대해 물으면
가짜 신분을 내어놓는 일은
내가 즐겨하는 놀이랄까 악취미랄까
요즘은 무슨 생선이 좋습니까
저는 사시사철 광어가 제일 맛있습니다
돈은 많이 버십니까
사람들 사는 게 다 비슷하죠
택시에서 내릴 무렵에는
애도 둘이나 있고 이혼도 경험한
충청도 사내가 되어 있다

택시에서 나이트클럽에서
미용실에서 나는
판교에서 일하는 개발자도 되었다가

9급 공무원 시험 준비생도 되었다가
수완 없는 중고차 딜러도 되었다가
결혼도 두어번 했다가 총각 행세도 했다가
독신주의자도 되었다가
그냥 아무 말이나 하다가 결국 줄행랑을 친다
끝내 신분을 들키지 않았다고 안도하지만
들킬 신분이 내게 있기나 했던가

아무것도 아닌 놈이
아무것도 아닌 삶을 살고 있다고
이야기하는 것은 두려운 일
그렇다고 매번 같은 사람 행세를 하는 것도
누군가를 사칭하는 듯
범죄를 저지르는 기분이 되고 말 테니
나는 또 새로운 신분을 창작한다
그렇게 쌓인 수많은 나 사이에서
진짜 나는 희미해지고 희미해지고
끝내 사라지길 바라며

이경규의 몰래카메라

생각지도 못한 순간
지나가던 노파가 가발을 벗었다
일순간 어디선가 뛰쳐나오던 카메라맨들
이제는 노파가 아닌 그가 구부정했던 등을 펴고
주머니에 숨겨뒀던 안경을 쓴다
지금까지 이경규의 몰래카메라였습니다
강백수 씨, 소감이 어떤가요?

이경규가 내민 마이크를 보며 나는 놀라서
눈만 끔뻑거리고 서 있다
그가 대답을 재촉한다
나는 퍼뜩 정신을 차리고,
저기, 언제부터 몰래카메라였나요?
이경규와 카메라맨들은 키득키득 웃고 있을 뿐이었다
그래 어쩐지 사는 게 좀 석연치 않다고 생각은 했어
어떤 일들은 내게만 너무 어려웠고
또 반대로 어떤 일들은 희한하게 쉬웠지
글쎄요, 언제부터였을까요?

이경규의 되물음에 나는 고분고분 대답한다
혹시 오늘 아침부터였나요?
그는 가만히 웃고 있다
아니면 내가 태어났을 때부터였나요?
이경규는 마이크를 내 입에 더 바싹 가까이 대며
언제부터였으면 좋겠어요?
라고 묻는다
나는 갑자기 무섭다
언제부터라고 말하면 정말로 그 언제부터 지금까지의
모든 일이 다 꾸며낸 일이 될 것만 같다

사랑하는 이들이 생각난다
사랑했던 이들이 생각난다
소중했던 날들이 생각난다
모질었던 날들이 생각난다
잊고 싶은 세월들 사이로
간직하고 싶은 순간들이 빛난다
이경규는 계속 싱글싱글대며

내가 무슨 말이라도 하길 기다리고 있다
나는 아직도 아무 말도 못하고 갈팡질팡하다가
이내 눈물을 터뜨리고 만다
카메라들은 그때를 놓치지 않고 줌을 바짝 당긴다
나는 무슨 말을 해야 할지 모르겠는데
이경규는 마이크를 든 채 웃고만 있다

제2부

퉤퉤퉤

 절박한 순간이 되어서야 나는 일평생을 돌아보고 그간 내 뱉었던 불경한 말들을 모조리 기억해 냈다 때로는 농담이었고 때로는 겸양이었던 불행을 암시하는 말들 그래 실은 조금 센 척하고 싶었어요 그깟 일들 현실이 되어도 나는 맷집이 좋아서 다 이겨낼 수 있다고 시건방을 떨었어요 잘될 거라는 말이 딱히 내게 구원이 되어준 적도 없었기에 불경한 말 역시 별다른 힘이 없다고 생각했던 거죠 저울에 올려봐야 티도 안 나는 가벼운 말들에 이토록 애걸하게 될 일이 내 삶에 있을 줄은 몰랐죠 회개하고 싶지만 신앙을 가져본 적 없는 힘없는 나는 제단 위에 나의 경솔했던 어제들을 올리고 이제야 깊이 소금만 뿌려달라고 구질구질하게 빌어봅니다 어린 시절에는 이렇게 하면 되던데 어떻게 안 되겠습니까 퉤퉤퉤

시작점

각자의 인생 곡선을 한번 그려볼까요
하는 제안에 한 학생이 물었다
선생님, 그럼 제가 태어난 시점은
어느 정도 높이로 그려야 할까요

글쎄요,
그것을 일괄적으로 정해드리기는 어렵습니다
시작지점은 공평하지 않을 수 있으니까요
그것은 산부인과 대기실에서 확인할 수 있습니다
누군가는 간절한 마음으로 초음파를 확인하고
또 누군가는 막막한 심정으로 피를 뽑기도 하죠
그것은 그들의 선량함과는 크게 관계가 없습니다
가진 것의 양과도 완벽한 상관관계를 찾을 수가 없고
운이라고 하기에는 너무나도 무책임한
설명하기 어려운 사정으로 인해
당신은 환희 속에서 혹은
절망 속에서 태어났을 수도 있지요
솔직히 말해주세요

나의 탄생은 둘 중 어느 쪽이었습니까
묻고 싶기도 하지만 그 역시
적확한 질문이라고 하기에는 무리가 있습니다
어쨌거나 삶은 주어졌고
어느 시점엔가 당신은
그래도 살아볼 만한 게 삶이구나
깨닫기도 했을 테니 말이지요

자, 그렇다면 스스로 가늠해 봅시다
나의 인생 곡선은 어떻게 출발하는 게 좋을까요
너무 많이 고민하지 마세요
그런 건 별로 중요하지 않으니까요

열두 살, 열두 시

그저께 꾸었던 무서운 꿈을 어제도 꾸게 된 이후로
나는 잠자리에 들 때마다 이상한 주문을 외우게 되었다
내일 눈을 뜨면 다시 어제가 되게 해주세요
모든 이별은 반드시 내일이나 내일의 내일 어딘가에 존재할 것이므로

자꾸만 그대가 가루가 되어 흩어졌다
어제도 그랬고 그저께도 그랬다
나는 하염없이 날리는 그대의 몸을 어떻게든 모아보려
작은 손을 오므렸지만 가루는 더 고운 가루가 되어
손과 손 손가락과 손가락 사이로 빠져나갔다
이미 정해져 있는 어떤 것들은 어떤 방식으로 하루를 달리 살아도
애초에 정해진 그대로 진행되고야 만다는 사실을
너무도 이른 나이에 알아버리게 된 걸까

모든 것이 어제로, 오늘로,
내일은 말고

무엇과도 헤어지고 싶지 않았다는 것은
그만큼 삶이 충만했다는 방증이었을까
날마다 해 지는 풍경이 뜨거웠다는 것은
필요한 모든 것이 곁에 있었기 때문이었을까
하지만 내일은 오늘을 누린 자들이 반드시 치러야 하는 값
아직 오지 않았더라도 이미 존재했고
그렇기에 그토록 손 모아 가로막아보려 했던 이별은
이미 내게 다가와 있었다는 것
이미 나는 그때 곁에 아무도 없을 무렵의 나를 향해
마을 수 없는 발걸음을 내딛고 있었다는 것

이불 킥

이불 속은 무균실
잠잘 때만큼은 세상의 하루로부터 나를 격리시킨다
감염되기 쉬운 내 마음은
별것 아닌 말들에 잠시 노출되었을 뿐인데도
밤새도록 열병을 앓곤 했거든

아무것도 들리지 않고
아무것도 보이지 않는
완벽한 환경을 조성해 두고 내일을 기다린다

잠이 든다
잠이 든다
잠이 들려는데

이불 속에서 자꾸만 피어오르는
얼핏 봐도 유해한 기억들
밖을 아무리 막아도
내 안에서부터 흘러나오는 그것들

용기라 생각해서 꺼냈던 말들과
그래도 된다고 생각해서 행했던 것들의 혼합물
오래 묵을수록 강한 독성을 지니는
숨 막히는 것들

나의 무균실은 이내 질척이고 끈적이는
늪이 되고
나는 손쓸 새도 없이 병들어
벌써부터 앓기 시작한다

바버샵

날 선 칼이 냉기를 머금고
성난 바리깡이 굉음을 내뿜는
이곳은 수컷의 전당
한국 사회에서 쉽사리 허용하지 않는
수염을 갈기처럼 기른 사내들의 살롱
이 시대의 수사자들이 우글대는 굴

슬릭백?
그렇지, 언제나 그렇듯
있는 힘껏 온 머리칼을 뒤로 넘긴 이발사와
헤어에 대해서는 긴 대화가 필요치 않다

한 가닥의 잔머리도 용납하지 않는 커트
손이 베일 듯 날카롭게 정리되는 헤어라인
미간 위로 아찔한 면도칼이 슥슥 오가는 동안
우리는 이야기한다 위스키, 스포츠, 올드스쿨 힙합, 로큰롤

뜨거운 스팀타월을 얼굴에 얹으며

이발사는 묻는다 세팅해 드릴까요?
괜찮습니다 오늘은 바이크를 타고 와서
역시 남자는 두 바퀴죠
아아 예전에는 할리도 탔는데 말이야
저는 아메리칸 바이크보다는 좀 더 스피디한 쪽을
할리는 속도로 타는 게 아니죠, 토크로 타는 거지
아아 심장을 때리는

알코올 향 진한 스킨이 얼굴을 휘감는다
칼날이 지나간 자리가 군데군데 따갑지만 내색하지 않는다

그럼 오늘도 좋은 하루 보내십쇼
바버 님도 즐거운 하루
손님 짐 챙겨 가셔야죠
그러게요, 내 정신도 참

건네받은 마트 비닐봉지를
110cc 앙증맞은 스쿠터 앞 바구니에 살포시 얹는다

그 안에 담긴 콩나물, 소고기 다짐육, 달래나물에 대해서는
혹시 보았더라도 비밀로 하는 것이 사내들의 의리

아내로부터 메시지가 온다
어디야, 여보, 배고파
서둘러 답장을 보낸다
미안해 여보, 금방 가서 콩나물밥 맛있게 해줄게

육중한 엉덩이를 스쿠터에 얹고
아내가 기다리는 집을 향해 스로틀을 당긴다
왜애애앵, 저배기량 엔진 소리가 조금 민망해도
우리끼리는 모른 척하는 걸로

고양이의 마음

하루 종일 기다렸다는 말을 하려다
그대가 벗어둔 외투 위에 누워버린다
나의 영토는 이 집안이지만
그대가 묻혀온 바깥 냄새를 맡으며
한낮의 강남 한복판을 거닐기도 하고
흥청이는 홍대 앞 밤거리에서 비틀대기도 하고
공연히 한강변을 힘껏 내달리기도 하고
그러다 무언가 소리칠 수도 있다는 걸 모르겠지
그렇게 하루의 행적을 뒤쫓다 보면
참치캔 하나를 따서 맥주를 마시는
헛헛한 표정을 다 이해할 수 있을 것 같아
아무도 모른다고 생각하겠지만 나는 다 알 것 같아
오늘의 그대를 다 읽어낸 뒤
가만히 그대 무릎 옆에 몸을 웅크린다
그대가 손으로 나의 기다림을 쓰다듬는 동안
나는 온몸으로 그대의 길었던 하루를 위로한다
내일도 나는 우리의 영토와 그대를 힘껏 지켜낼 테니
그대 아무 걱정 없이 하루를 닫을 수 있기를

Non-diatonic*

안온한 C키의 세계는 집에 있다
아침 일찍 일어나
고양이 화장실을 치우고
청소기를 밀고
밥을 차려 먹고
커피를 내려 마시고
책을 읽고 티비를 보고
그대를 기다리고
저녁을 준비하고
하루를 이야기하고
도레미파솔라시도
도미솔 도파라 시레솔의 세계는
집에 있다

그런데 나는 자꾸 검은 건반을 누른다
술을 마시러 나가고
욕을 하고
쓸데없는 소리를 하고

쓸데없는 소리를 듣고
때론 다투고 휘청이고
공연히 외롭고
빈칸을 만들고
그리움이라 이름 짓고
그대를 성가시게 하고
내게 유해한 글을 쓰고
도레미파솔라시도의 안온한 세계는
내가 구겨 넣은 #들의 행패로
불안하고 위태로워지는데
나는 이따금 그게 아름다워서 큰일이다

---

*온음계를 벗어난 음을 포함하는 화성.

이윽고 또다시 명절

옆집은 노부부가 살던 집
남편이 세상을 떠나고부터는
고요만이 현관문 주변을 맴돌았다

나이 든 여자 혼자 살기에는 넓은 집
집이 넓을수록 고요는 짙어지고
어느새 고독으로 응고될 텐데

그러다 끝내 그녀가 떠나면 집은 비고
지구상에서 가정 하나가 지워지겠구나

이윽고 또다시 명절
이따금 찾아오던 차 한 대가
주차장에 섰다

아무 소리도 없던 아파트 복도에
지난 명절에는 안 들리던
갓난애 우는 소리가 울려 퍼진다

생명이 꺼진 자리에 피어난
새로운 생명

개인의 삶은 유한하지만
인간의 삶은 매번 이렇게
고요를 깨치고
무한히 흘러간다

잠정 은퇴

누가 그랬지
나이를 먹는다는 것은
좋아하는 일로부터 멀어지는 거라고
그런데 가만 보면 나이는 매년 똑같이
한 살씩 먹는 게 아니고
어느 시기에는 안 먹기도 하고
어느 시기에는 몰아서 먹기도 하는 것
너는 갑자기 나이를 왕창 먹고 온 얼굴로
이제는 그만둘 때가 된 것 같다고
더 중요한 것들을 위해
사랑하는 일 하나를 당분간 접어둬야겠다고
그러나 당분간은 기약 없는 말
모든 상황이 기가 막히게 맞아떨어져야 가능한
기적 같은 말이란 걸 너도 아는지
네가 말하면서도
그걸 그만둔 이후의 우주는
상상해 본 적도 없다는 표정으로
벌게진 눈가를 감추며 자리를 떴지

담배 피우러 가니?
진작에 끊었지
유독 나이를 안 먹던 너는
요 몇 해 동안 도대체 몇 살을 먹은 건지

이진법

너의 기분은 어쩌면 두 가지
평온과 흥분

평온할 때는 가만히 앉아 골골골 소리를 내고
흥분될 때는 발톱을 세우고 스크래처를 긁는다

반가운 발자국 소리에 신이 날 때도
주인 녀석의 발을 깨물다 혼이 났을 때도
마음이 들뜰 때면 해결책은 단 하나
기타 줄을 튜닝하듯이
골판지 스크래처 앞에 달려가
벅벅벅 신나게 긁어대고
마음이 차분해지면 다시 골골골 하면 그만

들뜬 건 분명한데 이게 좋은 건지 불안한 건지
할 말은 쌓이는데 이게 화가 나는 건지 서운한 건지
나조차 내 감정을 모르게 되는 순간마다
너처럼 되는 방법을 고민한다

명견 강삼돌

 어느 만화가의 발상이었지 아마
 죽은 개의 영혼은 무지개다리 건너편에서 길고 긴 세월을 기다렸다가 주인이 세상을 떠나 그 다리를 건너면 그 옛날처럼 꼬리를 흔들며 가장 먼저 뛰어나와 맞이해 줄 거라고

 그런데 삼돌아 우리가 너를 만나러 가려면 네가 살았던 세월보다 훨씬 더 긴 세월을 기다려야 할 텐데 정말 너는 그 세월을 기다릴 수 있겠니 아니 그보다 그러고 싶은 마음이 있는 거니 옛날부터 네게 묻고 싶은 말들이 많았는데 단 하나만 네게 무언가 물어볼 수 있다면 너의 삶이 우리로 인해 괜찮은 것이 있는지 그냥 그거

 삼돌아 나는 사실 조금 무서웠어
 화장터에서 만난 너의 주검 앞에서 네가 나를 물었을 때 내가 너를 걷어찼던 일이 생각났고 어릴 때 병든 병아리를 아파트 화단에 버렸던 일이 생각났고 죽은 열대어를 묻어주지 못하고 변기에 버렸던 일이 생각났어 잘못은 오늘도 꾸준히 해나가고 있는데 나는 사과가 서툴러서 잘못들만 적금처럼 쌓

이고 있는데 삼돌아 나는 어떡하면 좋을까 마지막으로 주어진 몇 분 동안 나는 너를 만지지도 못했는데 너무 차가울까 봐 그 냉기가 잊히지 않을까 봐

그래 어쩌면 나는 너를 오래도록 기억하고 싶다 말하면서도 한편으로는 잊지 못할까 봐 두렵기도 한가 봐 엄마처럼 병아리도 열대어도 다 썩지 못한 채 내 꿈속을 떠도는데 네게 망할 개새끼라고 욕한 일 거칠게 너를 손으로 밀친 일들이 계속 너의 탁했던 눈동자 속에서 재생되고 있을까 봐 원망도 할 줄 모르는 네가 혹시 그걸 기억하고 있을까 봐 기억하지 못하더라도 없었던 일이 되는 건 아니니 그 일의 잔해가 네 작은 영혼 어딘가 남아 있을까 봐

우리 가족에게는 종교가 없지만 단 하나 우리를 지탱해 주는 사후세계관이 하나 있단다 죽고 나면 반드시 돌아가신 엄마를 만날 거라는 거 그걸 생각하면 어떤 이별도 나의 죽음도 최악의 일은 아니어서 그럭저럭 견딜 만한 것이 되곤 한단다 이제 우리 가족의 사후세계에는 너의 자리도 아마 생겼겠지

만 그래도 기다리기 어렵거나 그러기 싫어져 버렸다면 기다리지 않아도 괜찮을 것 같아 의아해하거나 원망하지 않을 것 같아

삼돌아, 그렇지만 만약에 우리가 언젠가 만난다면 그때는 네가 아무리 차갑더라도 아니면 따갑거나 뜨겁거나 그 어떤 끔찍한 감촉이더라도 너를 어루만지며 내 입으로 다 털어놓고 싶어 무조건적으로 착했던 너에게 이따금 나빴던 내가 무엇을 했는지 네 앞에서 나는 어떤 일들이 부끄러운지

52,000km

  끝 모를 터널 같은 시절이 있다

  그는 마지막으로 쥐어 짜낸 돈으로 산 배달 오토바이를 타고 저 너머로 달려보기로 했다

  낮에는 공장에서 빚을 갚고
  밤에는 배달통을 싣고 빛을 꿈꿨다

  터널 안에는 좌회전도 없고 우회전도 없고 멈춤 신호도 없고 휴게소도 없다

  오로지 직진만이 있을 뿐이다

  끝내 그가 터널의 끝에 다다랐을 때 오토바이 계기판에 찍힌 누적 거리는 52,000km였다

제3부

반성문

오랜만이다
잘못은 주로 아내와 부모님과 친구들에게 하는데 뜻밖에도 나는 존경하는 검사님께 반성문을 쓰고 있다

비가 오고 있었습니다
앞이 잘 안 보였고
길도 익숙하지 않았습니다

아내에게 별로 보탬이 되지 못하고 부모님도 친구들도 필요할 때만 찾는 주제에 전방주시태만과 신호위반이 죽을죄인 양 눈물겹게 빈다

저는 소득이 불규칙한 예술인입니다
가뜩이나 없이 사는데
지난 몇 년간 코로나 19로 소득은 급감하여
더없이 힘든 시절을 보냈습니다

그로 인한 피해자는 상대 차주가 아니라 제대로 된 선물 하

나 못 받아본 아내와 매일 걱정해야 했던 부모님과 술값을 계산해야 했던 친구들인데 존경하는 검사님께 하소연을 해댄다

   아내는 최근 임신을 하였고
   벌금형이 선고될 시 그 부담은
   부양가족에게까지 영향을 미칠 것으로 보입니다

   사랑하는 나의 아가야
   애석하게도 너의 애비는 벌금 몇백에 벌벌 기는 이런 사람이란다

   선처해 주신다면
   대한민국의 예술인으로서
   사회 구성원들의 마음을 위로하고
   한 가정의 가장으로서
   이 사회의 건강한 구성원을
   훌륭히 길러내는
   역할을 충실히 하도록 하겠습니다

박사 공부까지 하면 무얼 하나

  이 문장을 쓰면서 나는 작가라는 놈이 '-로서'와 '-로써'를 또 고민했다 그런 주제에 무엇을 위로하고 무엇을 어떻게 길러낸다고 또 책임지지 못할 말을 하고 있는가

  저 역시 국가 발전에
  이바지하도록 하겠습니다

스캣

막 사는 것 같았지
하지만 나름의 철학이 있었던 것 같아
허구한 날 술만 마시는 것 같았지만
그 어지러운 풍경 속에서
환상과 현실을 양쪽 눈으로 동시에 볼 줄 알았어
그걸 글로 적으면 문학이 되지 않을까 했지만
그런 기록을 남기는 데에는 별로 관심이 없었어
어느 후미진 골목에서 담배를 피우며
흥성거리는 풍경의 일부이고자 했지
그걸 담는 카메라가 되는 일에는 흥미가 없던 사람
잔뜩 취한 목소리로
쓰잘데기없는 이야기를 건네곤 했지
특별히 재미있는 이야기는 아니었는데
오직 그에게서만 들을 수 있었던 이야기
그렇게 말하는 사람은
아직도 한 명도 더 만난 적이 없어
술값은 한 번도 내질 않았지
그런데도 어느 날 한 번씩은 그가 그리웠어

뜬금없이 점심부터 연락이 닿아
새벽까지 퍼붓기도 했지만
또 언젠가는 몇 년이고 연락이 닿지 않기도 했지
어떤 때는 숨어버린 그가
사망 기사를 낸 채 어느 외딴섬에 숨어 있다는
그 옛날의 슈퍼스타처럼 신비하기도 했어
그동안 뭘 한 거요 물었지만
글쎄, 뭘 했더라 얼버무리는 그의 천진한 표정 앞에서
더 이상 무언가 캐내고 싶지 않았어
일정한 박자가 없는 희한한 걸음걸이로
지금은 어느 길을 걷고 있는지
아니면 죽어버렸을지도 몰라
그렇게 살아볼까 생각해 본 적도 없고
그럴 수도 없지만 나 같은 건
어떤 의미로도 기록되지 않은 그 순간
나는 황홀했어
그건 부정할 수 없는 사실이야

퇴위

   홍대입구역 걷고 싶은 거리 정문 앞 놀이터 삼거리포차와 클럽NB 그 휘황찬란한 거리에서 나는 쫓겨난 것이 아니다 그래 한때는 나도 그곳의 왕이었던 적이 있었지 머리를 왕관처럼 세우고 나 같은 새끼들을 호위병처럼 거느리고 사람이 가장 많은 술집으로 들어가 만 구천팔백 원으로 화채와 쏘야를 시키고 이천 씨씨 맥주 피쳐에 소주를 들이붓고 그걸 한 방에 마시겠다고 객기를 부리고 화장실 소변기에 토악질을 하고 딴에는 포효랍시고 소리를 지르고 저 새끼 죽여버리겠다고 빈 병을 들고 그러다 쫓겨나기도 하고 가끔은 돈 안 내고 토끼기도 하고 거리를 낄낄거리며 달리고 울고 벽을 치다 주먹이 깨지고 그렇게 매일을 보내던 뜨거운 시절이 있었지 세월은 별로 흐르지 않았고 단지 꼬박꼬박 하루하루가 지나갔을 뿐인데 어떤 놈들은 이제 나 같은 새끼도 더러운 홍대 바닥도 신물이 난다며 떠났고 나더러 이제 너도 새끼야 정신 좀 차리라고 담배연기를 길게 뿜으며 말했고 어떤 놈들은 그냥 소리 소문 없이 사라졌고 또 한두 놈은 정말로 죽어버렸다 나는 홀로 남아 그 거리를 좀 더 지키다가 그래 여기선 더 이상 이룰 것이 없구나 깨달은 듯 천도를 결심했을 뿐이다 합정역 5번 출구 카페거리를 기웃거리다가 아니 좀 더 떨어져 8번 출구 뒤편 먹자거리로 도읍을 옮길까 하다가 아예 망원역이나 상수역 부근은 어떨까 아니면 나도 이제 왕 노릇을 그만둬 버릴까 다른 친구들처럼 초야에 묻혀 깝치지 않고 뒈진 듯이 살아볼까 터질 것 같은 머리를 부여잡고 새삼스레 그 옛날 나의 영토를 거닌다 나 같은 새끼들이 또 술을 처먹고 소리를 지르고 싸움질을 하고 한심한 세월들을 보내고 있는 걸 보니 마음이 놓인다 내가 사랑했던 나의 영토를 잘 물려받아 그때와 같은 풍요를 누리고 있구나 야 이 새끼들아, 이것만은 기억해 다오 너희들이 있기 전에 내가 이곳에 있었다는 걸

욕

그대를 만나고 돌아오는 길마다
치밀어 오르는 욕을 토해내고 마는 일은
내 마음속의 오물이 잘 자라고 있다는 증거
내가 얼마나 기름진 생을 살고 있는지 실감하게 해주는 일

사람은 주로 자기보다 나은 형편의 사람을 욕한다지
욕을 많이 먹는다는 것은 그만큼 잘 살고 있다는 것이고
그러므로 욕을 많이 먹으면 오래 산다는 말은
영 틀린 말은 아닌 것

나는 너를 욕하고 나의 생을 확인하고
너는 내게 욕먹고 너의 생을 연장한다
이것은 누가 봐도 훌륭한 윈윈
말미잘과 흰동가리처럼 아름다운 공생

언제부터였는지도 모르겠다 그냥 너를 떠올리면 메스껍고
너의 선의가 찬란히 빛나면 빛날수록 괴롭고
나의 증오를 네가 모를수록 더 화가 끓어오르고

그런데 그렇게 자라나는 더러운 것이 때로 뿌듯하다

오늘도 참 다정한 사람
그 햇살 같은 미소 속에서 나는 한 마리 뱀 새끼를 본다
방금 또 봤다 순식간에 날름거린 갈라진 혓바닥
왜 저걸 나만 보고 있는 건지 억울했던 것도 어느덧 옛일

술잔에 따른 건 아주 더러운 감정
그러나 더러운 건 더러울 뿐
반드시 해로우리라는 법은 없지
니를 니쌀만큼도 해하지 못하는 그것을 들이키는 걸 보며
나는 등신같이 킥킥 웃는다 아무도 모르게

모두가 널 사랑하는 줄 알겠지만
그 안에 지뢰처럼 숨어 있는 증오를
너는 평생 모른 채 살아라 단지 언젠가는 의아하겠지
왜 나의 생은 도무지 끝나질 않는가

오래 오래 살아라
네가 있어야 내가 산다
영원히 찬란하라
그럴수록 나는 더 짙어진다

역류성 식도염

뭐라고요? 회춘이라고요?
어찌 맞이한 여름인데
이제 와 시간을 되돌려 주겠다니요

새로운 계절을 맞이하기 위해
그저 하루를 나고 또 나는 것 말고
한 게 무엇이 있냐고 물으신다면
딱히 드릴 말씀은 없지만
내게는 그마저도 버거운 일이었기에
나는 소스라치며 잠에서 깨고 말았습니다

때마침 식도를 역류하는 무엇

아무리 마셔도 허기가 채워지지 않아
홍대 바닥을 휘청이며 걷던 시절
하루가 멀다 하고 토해내던
그 시큼하고 불쾌한 것이
나의 젊음이었나요

택시비조차 없어 새벽 내내 걸어
도착한 현관 앞에서 망설이는 내게
다른 이의 목소리를 들려주던
그 의리 없고 간편한 것이
나의 사랑이었나요

내 인생의 봄날은
미세먼지 자욱한 서울 하늘 같았어요
당산철교를 건너며 바라본 한강은
노을 같은 건 보여주지도 못한 채 어두워지고 있었어요
이어폰 속 오래된 노래처럼
이 세상 어디가 숲이고 늪인지
누구도 말을 않는데
나는 또 어두컴컴한 밤길을 혼자 걸어야 했지요

끝 모를 표류의 나날이
나는 나의 잘못 때문인 줄로만 알고

매일 술 마시고 취하고 울기만 했지요
지나고 나서야 따져 묻고 싶어지더군요
잘한 건 없지만 또 뭘 그렇게 잘못했느냐고

나는 말입니다
가까스로 그 시절을 지나
오늘이 되어 안도하고 있던 참입니다
다시는 그 계절로 돌아가고 싶지 않아요
곧 천둥 번개가 치고 소나기가 퍼붓고 그다음에는
폭염이 찾아와 거리를 절절 끓게 만들겠지만
그래노 셜코 어지러운 그 계절로는
돌아가고 싶지 않아요

약을 털어 넣습니다
이 성가신 병은 지난 계절의 달갑지 않은 흔적
그러나 이렇게라도 진정되는 것이 다행입니다
오늘은 하루를 조금 일찍 시작합니다

버러지

분식집에 방구탄을 던졌다
우리 다섯 명은 각기 다른 방향으로 내달렸다
한 명이 끝내 사장의 손아귀에 잡혀서
뺨을 맞고 하루치 매상을 변상했다
그게 내가 아니라 다행이라 생각했다

일곱 명이 술을 마셨고
10만 원이 조금 넘게 나왔던가
아무리 모아도 그 돈이 없어서 우리는 가위바위보를 했고
이긴 사람부터 한 명씩 술집을 빠져나갔다
마지막 친구는 화장실 창문을 뜯고
가스 배관을 타고 가까스로 탈출했는데
앉아 있던 테이블에 올려두었던
휴대폰을 미처 생각하지 못했다
그게 내가 아니라 다행이라 생각했다

두 사건에 동시에 연루된 이는 오로지 나뿐
그러나 나는 보란 듯이 살아남았다

나의 친구들
자동차 부품을 만들고
지방자치단체의 살림을 책임지고
학생들을 가르치고 아파트를 짓고 보험을 파는
성실한 그들 사이에 숨어 나는
시를 쓰고 기타를 친다
고초는 사랑하는 내 친구가 당하고
나는 오늘도 무사한 하루를 살아냈다며
좋다고 술을 먹는다
착한 친구들은 술값을 내주고
약아빠진 나는 역시 술은 꽁술이 제일 맛있다며
택시를 잡아타고 집에 간다

저마다 힘겨운 삶들을 산다
그 힘듦으로부터 어떻게든 몸을 숨긴다
한 친구는 암에 걸렸다
나는 그게 내가 아니라 다행이라 생각했다

실망의 달인

맛있는 거예요
그래 보이네요
힘들게 구한 거예요
네
왜요?
뭐가요?
맘에 안 드는 것 같아서
그냥 좀 기대랑 달라서
뭘 기대하셨는데요?
아니에요 죄송해요
아니 말씀을 해보세요
그냥 저는
뭐 대단한 거라도 들었을 줄 알았어요?
꼭 그런 건 아니지만
맞네, 뭐 그런 걸 기대하고 그래요

좀 더 성의 있는 방향으로 우리의 관계가 흘러갈 줄 알았습니다만 당신은 끝내 나를 실망시키고 마는군요 아 타박하는 건 아닙니다 실망이라는 게 절반의 책임은 헛된 기대를 품은 이에게 있는 거니까 내게도 절반의 과실이 있는 거겠죠 혹시 나의 실망한 모습에 실망하셨나요 환희에 차올라 당신을 안아주길 바랐나요 그렇다면 그 또한 절반은 당신의 과실입니다 여러모로 아쉬운 날이네요 실망을 안겨드려 죄송합니다 실망을 하게 되어 또 한 번 죄송합니다

오부리

기타를 처음 잡은 건 열다섯 살 때였어요
다른 친구들보다 그다지 빠르지도 늦지도 않은 편이지요
기타를 치겠다고 하면 악기부터 때려 부수더라는
다른 집 부모님과는 다르게 우리 부모님은
적금을 깨서 비싼 기타도 사주셨고요
덕분에 나는 기타로 대학교도 갈 수 있게 되었답니다

그리고 나는 지금 무시로를 연주하고 있어요
아까는 사랑밖엔 난 몰라였고
그전에는 뭐였더라

무시로의 보컬은 어느 회사 부장님이고요
사랑밖엔 난 몰라는 이사님이 불렀고요
그전에는 누구더라

그거 아세요
당신이 아는 그 재즈클럽에서 공연을 하면
나는 십만 원도 못 벌어요

그런데 여기서 무시로를 연주했더니
손님이 이십만 원을 주셨어요
사실 나 이 노래 오늘 처음 들어봤는데
대충 펜타토닉 스케일로
오부리를 후릴 뿐인데
무시로는 밤새 합주했던 재즈 스탠다드보다
훨씬 후하게 날 대해주네요

나는 어쨌거나 스타가 되고 싶어요
그 옛날 무시로를 부른 사람보다
사랑밖엔 난 몰라를 부른 사람보다
유명해지고 싶어요

그러려면 나는 몇 번의 무시로와
몇 번의 사랑밖에 난 몰라를 연주해야 할까요

워크에식(Work ethic)

구걸 행위야 플라스틱 바구니 하나 앞에 두고
가만가만 앉아만 있으면 될 일인데
엎드려 하늘 향해 가지런히 모은
손끝에서 진정한 페이소스가 느껴진달까
그래 저건 불로소득이 아니다 엄연한 노동이다
그것도 꽤나 전문성이 가미된

그 나름의 삶의 현장을 뒤로하고
나와 A씨는 손쉽게 돈을 벌기 위한 회의를 하러
건물 안으로 들어가 엘리베이터에 탔다
거울을 보며 눈곱을 떼고 미리 하품을 했다
예정된 회의시간을 다 못 채우고 다시 엘리베이터에 탔다
다시 눈곱을 떼고 하품을 했다

엎드려 있던 그는 일어나 담배를 피우고 있었다
가슴팍 주머니에 반짝이는 새 담배 한 갑이 들어 있었다
연기를 깊이 들이마시고 내쉴 때마다
보람찬 노동이 끝난 뒤의 후련함이 허공으로 흩뿌려졌다

맛있게도 피우시네요 저분
담배를 피우지 않는 내가 보기에도 그래 보였다

A씨가 말했다
담배를 안 피우면 구걸을 덜 열심히 해도 되지 않을까요
나는 그러게요, 말했지만 속으로 A씨의 흉을 봤다
이 사람아, 그래서 우리가 안 되는 거야
뭐든 대충하니까 이 삶이 제대로 보상을 못 받는 거야
최선을 다한 노동, 그 이후의 확실한 보상
진정성 넘치는 역동적인 삶을 감히 누가 나무랄 수 있는가

삶의 의미가 고작 담배냐고
그렇다면 삶의 의미가 무엇이어야 하는가
나는 무엇을 위해 살고 있다고 떳떳하게 말할 수 있을까

자, 담배 두 개비를 태웠다
오늘은 좀 더 일하고 퇴근해야지
다시 무릎을 꿇는다

폭설과 블루스

하루 종일 하늘은 잿빛
초저녁까지 잤다
꿈속에서 몇 마디 대화를 들었고
애써 기억하기 위해 더듬더듬 휴대폰을 찾았지만
메모장은 텅 비어 있다

침대에 눕기 전에 골목에 버린
기타 한 대를 생각한다
톤은 매력적인 녀석이었지만
도무지 튜닝이 맞지 않던 오래된 할로우 바디
어제 다툰 그 친구 같은 기타
녀석도 그렇지
분명 멋진 구석은 있지만
어딘가 룰에서 벗어난 느낌이라
누구나 그를 조금씩 불편해했지

글쎄, 블루스 솔로 정도는 할 수 있지 않을까?
코드 플레이는 어려워도

적당히 벤딩으로 눙 치면서 말이야
그런 토론이
너는 아주 이기적인 인간이고
혼자서는 아무것도 못하는 등신이야
라는 식의 다툼이 되기까지
중간에 어떤 말들이 있었는지
그도 나도 기억하지 못한다
몇 잔의 위스키가 오갔던 것은 분명한데

현관문을 열고 골목으로 나가
쭈그려 앉아 우두커니 기타를 바라본다
부스스한 머리 위로
허연 발가락 위로
낡아빠진 기타 위로 눈이 쌓인다

흠,
블루스라.

탱크주의

다음 세기까지 살아남는 제품을 만들겠다던
1993년도의 그 광고에선 기백마저 느껴졌다
그때는 알 수 없었지
찬란하기만 할 것 같았던 다음 세기 시작하자마자
그토록 자랑하던 이름을 허망하게 잃고
이제는 존재마저 위협받는 처지가 될 줄이야
그러나 어느 시골집 주방에서는
그 옛날 그들이 만든 냉장고 한 대가
2023년에도 굉음을 내며 돌아가고 있다
그들은 정말로 해낸 것이다
다음 세기의 시작을 맞이하는 것은 물론
자신들보다도 오래 살아남는 제품을
기어이 만들어내고 말았다
이제는 문을 열어도 불도 들어오지 않지만
냉기만큼은 아직도 자신 있다는
저 육중한 고물 냉장고
그에 비하면 나의 시는 어떤가
하루 종일 깜빡이는 커서 앞에서 어쩔 줄 모르다

해 질 녘 다 되어서야 마지못해 써낸

나의 무르디무른 시가

몇 년이나 살아남아 읽힐 수 있을까

값비싼 신문지면 한복판에

잠바 하나 걸쳐 입은 사장 하나 나와서

품질보다 더 좋은 광고는 없다고 말하던 그들 앞에서

쓰기도 전에 판매부터 걱정하는 나의 시는

얼마나 나약하고 간사한가

나도 나보다 오래 살아남는

나 없이도 살아 움직일 수 있는

무언가를 만들어 봐야 하지 않겠나

탱크처럼 튼튼하게, 탱크처럼 견고하게

이제는 외침만 남은 그들에게서

나는 시를 다시 배운다

무임금 노가다

아무도 오지 않는 섬에
홀로 성 하나를 짓는다
한 장 한 장 벽돌을 구워 사다리를 타고 올라가
가까스로 서너 장을 쌓고 내려온다
그동안 외벽 한 면을 쌓았다는 것을 확인한다
시팔 이게 뭐하는 짓인가 싶다
이딴 섬에 누가 온다고 나는 성을 짓는가
나 하나 대충 아무 데나 자면 되는 것을
누가 본다고 벽을 쌓고 창을 내고 커튼을 다는가

한참을 멍하니 섰다가
웃통을 벗고 오함마를 집으려는데
가슴팍에 문신이 말을 건넨다
이건 누가 본다고 공들여 새겼나
기억 속의 시도 말하고 노래도 말한다
누가 읽는다고 쓰고 누가 듣는다고 흥얼대나

어떤 마음은 전하지 못했어도 소중했고

어떤 기억은 나만이 혼자만이라도 쥐고 있고 싶은 것
내게만 남아 있는 그런 잔해들을 주워 모아
으깨고 뭉쳐서 또다시 벽돌을 굽는다

내가 살아 있는 동안 아무도 올 리 없고
죽고 나서도 한참 뒤에야 발견될 성이지만
그때 사람들은 이 성을 지어놓은 내가
누군지도 모른 채 별 미친 사람을 다 본다며 낄낄대겠지만
그런 건 아무래도 상관없지
이유 같은 건 중요한 게 아니야

나는 그저 여기에 성 하나가 있었으면 좋겠다고 생각했다
그 생각을 품었을 때 나는 가장 젊고 순수했다
어떻게든 거기에 답해야 하는 것이
거의 무의미한 내 삶 속의 유일한 의미인 것이다

미지와의 조우

거나하게 취한 우리는 나의 단골 LP바에 갔다
신청곡 하나 써 봐요 형
나의 청에 그는 적잖이 당황한 기색이었다
신청곡이라고 나는 그런 거 해본 적이 없는데
좋아하는 노래 정도는 있을 거 아니에요
그런 거 없어 나는 노래방도 안 다니잖아
아니 그렇다고 좋아하는 노래가 없는 게 말이 되나요?
먹고 살기 빡세서 그렇지 뭐
오며 가며 차에서 듣는 노래도 없으세요?
차에서도 나는 라디오밖에 안 들어
내가 신청한 유재하 노래가 흘러나온다
형 유재하도 몰라요?
응 처음 듣는데
세상에 유재하를 안 들어볼 수가 있나요
돈 버느라 바빠서 그래 임마 나름 재밌게 살아

그 형 돈깨나 번다 하던데
돈이고 나발이고 나는 그 인생이 불쌍했다

음악 취향도 없고 유재하도 없는 삶이라니
나는 도저히 상상도 할 수 없었다
얼른 집에 가고 싶었다
오늘은 나의 힙한 작업실에서
유재하를 들으며 한 잔 더 해야겠다

그 새끼가 LP바인지 뭔지에
가자고 할 때부터 나는 썩 내키지 않았다
신청곡 하나 써 봐요 형
먹고 살기도 빡센데 뭐라더라? 유재하?
시건방을 떨어대는 그 새끼가 역겨웠다
알지도 못하는 노래 몇 곡이 흐르고
우리는 가게에서 나왔다
너 차는 어디에 댔어?
저쪽에 있어요 공영주차장, 대리 불러야죠
내 차도 마침 그쪽에 있어서
잠시 함께 걷는 동안 그 새끼는 한참을
음악이 어쩌고 문학이 어쩌고

한 오 분 걸었더니 주차장에 도착했다
형님, 차 새로 뽑으셨나 봐요
GV80 애들 생각해서 큰 차로 뽑았어
멋지네요, 제 차는 저쪽에 있어요
너 아직도 이 차 타?
네 아직 쌩쌩해요
세상에 이런 차 타다가 고속도로에서 서면 뒈져 임마
에이 설마요 잘만 굴러가는데요
굴러만 간다고 차가 아닌데 이 사람아
예술하는 놈이 돈이 어딨겠어요 얼른 들어가세요
그 새끼 요새는 인기 좀 있다 하던데
예술이고 나발이고 나는 그 인생이 불쌍했다
2023년에 2000년식 준중형을 타는 삶이라니
나는 도저히 상상도 할 수 없었다
얼른 대리기사가 왔으면 했다
나는 나의 GV80 뒷자리에서 편안하게
잠이나 자면서 집에 들어가야겠다

제4부

Bass

그대는 좀처럼 흥분하는 법이 없네요
나는 날카로운 말들을 뱉고 이따금 소리도 치는데
그대는 가만히 가만히 해야 할 말들만 하네요

멋대로 날뛰던 나는 어느 순간 깨달았어요
모든 것이 내 마음대로 되고 있는 줄 알았는데
결국 나는 그대가 이끄는 곳으로 향하고 있었음을

차분하고 우직한 그대이기에 때로는
그 존재감이 희미하다 느낄 때도 있었지만
정말로 그대가 사라져 버린다면
내가 있던 자리에는 공허한 소리들만 남을 겁니다

그래서 그대, 다음 행선지는 어디인가요
다음 마디에서 그대는 사랑을 반복할까요
아니면 이별로 전환할까요
나는 어떤 소리로 응답하면 좋을까요

카레라이스

엄마가 만들어도 내가 만들어도 같은 맛
양파를 세모나게 썰어도 네모나게 썰어도 같은 맛
돼지고기를 써도 소고기를 써도 같은 맛
아버지와 먹어도 애인과 먹어도 같은 맛
집에서 먹어도 밖에서 먹어도 같은 맛
비 오는 날 먹어도 화창한 날 먹어도 같은 맛
절망 속에서 먹어도 환희 속에서 먹어도 같은 맛
애정으로 끓여도 욕정으로 끓여도 같은 맛
살려고 먹어도 간절함으로 먹어도 같은 맛

너는 내가 변했다고 했지
나를 환멸하는 눈으로
그러나 가만 생각해 보자
처음부터 지금까지 변하지 않은 유일한 건 나
사랑을 고백했던 그날부터 지금까지 나는
다리 하나가 들뜬 테이블처럼
불완전했고 솔직하지 못했고 모르는 게 많았고
그래서 자주 숨었지

그런 날 사랑한다던 네가 이제는 날더러 비겁하다고
모든 것이 변할 때 선뜻 조금 달라진 네 앞에서
가만히 서 있던 나는 날벼락처럼 이별을 통보받았다

나중에라도 결백을 증명하기 위해
그때 네게 카레라이스를 대접했다
훗날 언젠가 카레 맛이 변했다고 느낀다면
그건 아마 카레가 변한 게 아닐 거라고

오늘의 카레도 카레맛
카레도 나도 변하지 않았는데
너는 날더러 왜 이렇게 변했냐고

빌드업

 골이 터지는 순간만 중요하다면 모두가 경기 하이라이트만 보겠지 뭐 하러 축구 중계를 보겠어 내가 지금 네게 건네는 우리는 여기까지인 것 같아, 라는 말이 우리 사이의 결론이 되었지만 결과적으로 그렇게 된 건 나도 유감이지만 어쩌면 지금을 향해 달려온 우리의, 나의 길었던 여정 그 자체가 사랑의 정수가 아닐까 넌 저 새끼 또 개소리를 시작했구나 하는 표정으로 나를 노려보고 아니 내 말 잘 들어봐 사랑은 결과값이 아니고 어떤 기간 동안 우리가 주고받은 말과 거기 담으려고 했던 마음과 채 담기지 못했던 것들과 그로 인한 안타까움까지 통틀어 일컫는 말이 아니겠어 지금 차오르는 눈물과 그걸 어떻게든 수습해 보려고 쥐어 짜내는 이런 말들까지 모두 사랑이 아니면 뭐겠어

 힘거운 티키타카가 식상해질 무렵쯤 너는 일어났던 것 같다 잘 지내라고 했던가 개새끼라고 했던가 잘 지내의 눈물겨움도 개새끼의 원망도 우리의 경기가 치열했다는 증거 경기가 끝나고 군데군데 패인 잔디 구장처럼 우리의 테이블은 황량하기만 했다 계산을 하고 커피숍을 나서는 일곱 시 반 무렵의

풍경 모두가 누군가를 만나러 가는 합정동 거리를 하릴없이 걸었다 이제 무얼 해볼까 고민도 해보았지만 이미 모든 것은 끝나버린 후였다 난 최선을 다했고 모든 전략은 결국 적중했고 경기도 막판에는 원하는 방향으로 흘렀다 하지만 난전이었다 다음 경기 같은 건 이제 다시는 생각하고 싶지 않았다

충분한 시간

그대 없이도 충분한 나날을 보내게 되리라는
시간의 예언이 뭐가 그리 못마땅해 나는
그렇게 힘겨이 대들었던가요

우리는 결국 여기서 만나게 되었군요
예상대로 더할 나위 없는 모습으로
이 예상을 내가 언제부터 했는지 말해도
당신은 믿지 않을 거고 믿는다 해도
징글징글하다 말할지 몰라요
그래도 나는 다 알고 있었어요

사실 너무도 쉬운 생각이지요
시간은 한 방향으로 흐르고
우리는 언제나 각자의 삶을 완전한 것으로
메우기 위해 발버둥 치고 있었으니

아마 이 홀을 메운 모든 사람들은
같은 과정을 통해 지금에 이르렀을 거예요

누군가는 아직 덜 여물어
조금 끔찍한 나날을 보내고 있는지도 모르지만
그 역시도 단지 기다리는 것만으로도
충분히 완전해지리라는 걸 이제는 당신도 알겠지요

우리는 충분히 이기적으로
올바르게 살아왔어요
그래서 다행이지요

그대 없이도 나는 내일을 충분하게 보낼 거예요
새삼스런 얘기지만 사실이에요
피하지 않고 살다 보면 또 만날 날이 있겠죠

나는 당신의 미래를 알고 있어요
나의 것도 마찬가지이고요

110cc

어쩔 수 없이 오늘 밤엔 스쿠터를 타고 거리를 달립니다
110cc짜리 스쿠터의 스로틀을 끝까지 당기면 어느 시점에는
속도는 더 이상 올라가지 않고 소리만 커지는 구간에 다다르는데
그때 나는 익숙한 냄새를 맡습니다

잘 지내고 있다지요 다행입니다
미워했던 이의 비극적 근황 따위 전혀 위로가 되지 않더군요
어차피 그럴 거라면 그대라도 잘 지내는 편이 낫겠지요
나는 뭐 괜찮습니다만 여전히 조금 위태롭습니다
최선을 다해 달리고 있는데
등 뒤의 차는 자꾸 하이빔을 쏩니다

나라는 사람은 한계가 명확했지요
그건 우리의 방에서도 마찬가지였습니다
그걸 그대도 알았으리라 생각합니다
우리는 서로의 냄새를 맡으며 잠들었지요

자그마한 싱글침대 위에 둘이 찰싹 붙어 누워 있노라면
나른하면서도 불안한 기분이 되었어요

오늘 밤에는 갑자기 그때 생각이 났어요
사랑의 끝을 알면서도 스로틀을 당기던 그 밤
우리도 결국 소리만 요란했지 한계를 돌파할 수는 없었지요
그때를 생각하면 또 그 냄새가 납니다

등 뒤에서 덮쳐오는 밝은 빛, 그리고 냄새
나는 얼마나 더 똑바로 달릴 수 있을까요

엔진이 타버리더라도 핸들은 꺾지 않을 거예요
멈추는 순간 나는 부서지고 말 거예요
이 위태로움이야말로
110cc 스쿠터의 숙명이겠지요

나이롱 신자

내가 섬기는 신은

너였다가
너의 몸이었다가
너의 맘이었다가
너의 알 수 없음이었다가
너의 어떤 시절이었다가
너에 대한 연민이었다가
그로 인한 오만이었다가
너를 잃었다는 슬픔이었다가
아니 그 슬픔에 대한 도취였다가
술이었다가
다시 꿈에 나타난 너였다가
너의 몸이었다가
너의 맘이었다가
너의 알 수 없음이었다가
그게 꿈이었음을 깨닫고 허공에 내뱉은 욕이었다가
왈칵 터져버린 울음이었다가

그런데 가만히 생각해 보니 별로 슬프지 않았음이었다가
사실은 울어야 할 것 같아서 울었다는 것이었다가
단지 누가 들었다 난 자리가 허전했음이었다가
단지 마땅히 연락할 곳이 없는 심심했음이었다가
그래서 샀던 플레이스테이션이었다가
밤새워 본 엔딩이었다가
그다음엔
아무것도 없음이었다가
없다가
없다가
이제는 더 이상 신이 없다가

필모그래피

그대 삶을 두 시간짜리 영화로 만든다 치면
내 출연 분량이 대충 2분쯤 되겠네요
그래도 그 정도면 만족이에요
2분이라면 엑스트라보다는
꽤 비중 있는 단역에 가까울 테니

함께한 날들이 짧지 않았는데
그걸 2분으로 편집한다면 나는 그동안
어떤 대사를 던지게 될까요

영화의 전체 대본이 없어서
나조차 어떤 역할인지 모르고 등장했네요
그래도 나는 그대 편에 서는 역할이고 싶었는데
곰곰이 생각해 보니 편집하기에 따라서는
악역도 될 수 있겠다는 생각이 들어요

아니면 혹시 통편집 당한 건 아닐까요
그깟 2분쯤 덜어내도

전체 줄거리에는 아무 영향이 없었다거나
이야기의 맥락에 맞지 않는 2분이었다거나
아니면 막상 편집해 놓고 보니
차마 보기 힘든 신이 되어버리고 말았다거나
자체 심의에 걸렸다거나
아니면 그냥 잊었거나

편집의 권한이야 당연히 당신 것이지만
나 같은 단역이 뭘 참견할 수 있겠습니까만
그래도 만약에 아예 등장하지 않는다면
조금은 서운한 마음이 들 것 같아요

짧은 신을 찍기 위해
얼마나 많은 준비를 했는지 모르죠
당신의 삶에 출연하기 위해 나는
심지어 태어났고
평생을 대기했고
몇 마디 안 되는 대사를 건네기 위해

말을 배웠고
낯선 문장을 셀 수 없이 연습했죠

겨우 2분이지만
나에게는 데뷔작이자 대표작인걸요

아무튼 됐죠 나는 내 역할을 다 했으니
나는 이제 카메라 밖으로 떠나요
회상 신 같은 걸 기대하며 또다시 대기할 수 있겠지만
영화의 흐름 상 그런 게 있을 것 같지가 않네요

당신은 남은 분량을 잘 마무리해 보세요
그대 삶을 두 시간짜리 영화로 만든다 치면
러닝타임은 한 시간도 넘게 남아 있으니까요

비몽사몽

핑핑 도는 천장
가까스로 일어나 물을 마시고
냄비에 물을 받고 가스 불을 켠다
날숨마다 술 냄새가 섞여 나오고
뒤섞인 기억 새로 유독 너는 선명하다

첫눈에 반한다는 건
사실 대수롭지 않은 거야
상상도 못한 존재와 맞닥뜨리고
말도 안 되는 일이 벌어지는 것 같지만
사실은 애초에 대강 그런 사람이 나타나면
준비되어 있던 회로가 가동되어
어떤 신호가 온몸으로 퍼져가는 거지

끓어오르는 물속에
아직도 당황하고 있는 내가 보인다
그래 인정한다 나는 너에게 반했다
그러나 이것은 결코 달가운 일이 아니다

다시는 일어나지 않았으면 했던 일
기왕에 이렇게 된 것,
나는 지혜롭게 이 상황에 대처해야 한다

콜라에 멘토스를 넣으면 폭발하는 것처럼
스위치를 누르면 일제히 넘어지는 도미노처럼
그냥 일종의 화학 작용? 물리 작용?
정신병이라 염려할 필요도 없고
기적이라 호들갑 떨 필요도 없어

물은 계속 끓는데
나는 생각에 사로잡혀
낮아지는 수면은 아랑곳하지 않고
수증기 사이를 헤맨다

그래 운명이라 치자
운명의 실체는 결국 아주 오래된 약속
너는 그 옛날 오기로 약속한 사람

나는 딱히 널 기다렸다기보다는 내 삶을 살았고
시기가 무르익어 약속이 지켜진 거지
지켜진 약속 앞에선 놀라울 것이 없다
당혹스러운 것은 언제나 예상 밖의 일들
일어날 일은 억지로 막아도 일어나기에
그걸 일어날 일이라 말하는 거야

바닥을 보이는 냄비에 황급히 다시 물을 붓는다
취-익 하는 소리에 놀라 고개를 젓고
싱크대 수전에서 흐르는 물에 얼굴을 씻는다
아무리 다독여도 나는 두렵고
너는 자꾸만 선명해진다

오토튠

잠깐만요,
방금 내가 건넨 말을
당신은 어떻게 이해한 거죠?

아니요 아니요
영 틀린 말은 아닌데
아주 맞지도 않는 것 같거든요?

그러니까 내 감정은
그것보다는 저것에 가까워요
아니요, 저것이라는 게 아니고요

같이 있고 싶다는 말을
왜 자꾸 같이 있자는 말로 듣죠?
아니요 그러지 말자는 게 아니고요

잘 들어요, 나는 당신이랑 자고 싶어요
아니 왜 또 그 말을 자자는 말로 들어요?

그러지 말자는 말이 아니라니까요

내 마음은 그렇게 명료하지 않아요
거봐 또 이상하게 듣죠
간 보는 게 아니라 내 맘이, 휴

내가 내뱉는 말에 자꾸
당신의 욕망이나 두려움을 개입시키지 말아요
나는 있는 그대로를 말하고 있는 거예요

나는 당신을

오마카세

우리는 적당한 거리에 마주 앉아 있고
나는 가장 수동적인 태도가 되어
당신이 무언가 건네길 기다린다
첫 번째로 건넨 건 눈길
그다음은 질문이었지
다음을 기다린다
무엇이든 좋다 나는 당신을 신뢰하고
당신이 건넨 것이라면 무엇이든
즐거운 마음으로 받을 준비가 되어 있다
그중에 나는 기대한다
슬슬 관심이나 애정 같은
달달한 것이 나올 때가 되었지
그러나 당신은 기대 이상
그 달달함 위에 위태로움을 얹어 낼 줄이야
허락된 시간은 한정되어 있다
그러나 당신의 창의력은 무한하다
나는 맡긴다 나의 시간과 나의 영혼과
나의 존재 전체를 이 시간 동안만큼은

황홀한 식사가 끝날 무렵
이별이 나왔다
앞서 맛본 키스보다 진하고 무거운 풍미
눈을 감고 냄새를 음미한 뒤
망설임 없이 삼켰다
어쩐지 눈물이 날 것만 같아
너는 말한다
이번이 마지막입니다
이별 다음은 무엇일까
체념이건 추억이건 모두 죽음을 닮았다
나는 또다시 설레고
조금 두렵지만
아직 끝나지 않았다
나는 모든 과정을 당신에게 맡긴다

그러거나 말거나 키스를

없으면 못살 것 같았던 것들이
대부분 사라졌다
사랑하는 것들과 벌써부터
점점 멀어진다
그러나

오늘도 아침에 일어나
의연히 커피를 내려 마셨다

밤하늘에 빛나는
이미 죽어버린 별들과
그나마 남아 있는 것들이 있대도
닿기 전에 죽어버릴 나의 생
그러나

바로 지금 별자리는
저기에 있다

일 년이건 백 년이건
그대도 나도 결국은 시한부 인생
두고 떠나건 홀로 남겨지건
결국은 예정된 이별
그러나

우리는 입을 맞추고
서로를 어루만진다

영원한 노래
— 인세, 리나의 결혼을 축하하며

비슷한 것은 다른 것
비슷한 사람은 다른 사람이듯
비슷한 말은 다른 말

비슷하지만 다른 말 중에서
내 마음 같은 말 하나를 찾는다

나는 너를 사랑하고
애정하고
사모하고
연모하는데
어느 것 하나 완벽히
내 마음과 들어맞는 말은 아니어서
그저 말없이 웃어보았을 때
너는 나를 가만히 안아주었다

다른 언어로 길러진 우리는
그 마음 하나를 말하고 싶어서

서로의 언어를 배우다 끝내
노래로 말하는 방법을 터득했다

언어라는 것은 애초에 불완전한 것
그 틈을 메우는 너의 멜로디
그래 내가 너를 생각하는 마음은
그런 선율이었고, 그런 화음이었지

그렇게 태어난 노래는
거대한 무대 위를 채우는 교향곡도 아니고
제단 위를 흐르는 거룩한 성가도 아니고
오늘 우리의 걸음 뒤편을 수놓는 행진곡도 아니다

너를 위해 밥을 지으며
읊조리는 낮익은 멜로디
소파 위에 흐트러진 쿠션을 정리하며
흥얼대는 익숙한 콧노래
자다가 차버린 이불을 다시 덮어주며

가만히 들어보는 숨소리
오히려 그런 것들을 닮은 사소한
노래들이 우리의 매일을 수 놓겠지

그토록 찾아 헤맨 말이 어느덧
그렇게 가만히 가만히
흩어내는 조용한 소리가 되어
하루 종일 우리 곁을 맴돌 때
너만 들을 수 있도록 작게 내는 그 소리를
저 멀리서 나도 들을 수 있을 때
그러다 결국 새근대는 숨소리만 남았을 때도
그 소리가 내 귓가를 떠나지 않을 때

그 무렵이면 우리가 비로소
서로의 마음을 온전히 이해하게 되었다며
그대가 찾아 헤맨 그 말이 무엇이건
이미 내 마음에 닿아 있다고 말해도 되는 것일까

그대여, 나 이제 침묵 속에서도
그대의 노래를 듣는다오

그대 내게 건네고 싶었을 그 말은
이미 내 안에 머물러 있었다오

그 어떤 언어보다, 노래보다 앞서
내 마음에 있었다오

이 한 편은 당신을 위해

마요르카 캔코타 호텔
하나도 안 따뜻한 스파랑
지하에 있던 쬐끄만 한 무인 와인바
왜인지 모르지만 진짜 좋았어 그치
그날보다 아름다운 시가 있을까
궁리하다가 그날을 한번 베껴봤어

내일은 당신을 위해
김치찜을 만들 거야
어묵도 좀 볶아볼까
청양고추 넣고 약간 매콤하게

그거 모르지
당신을 만나면서 나는
열일곱 살 때보다도
꿈이 많아졌어

마요르카에 다시 가는 거

김치찜 더 맛있게 만드는 거
하기 싫어하는 모든 일들로부터
당신을 해방시키는 거

또 무슨 말을 적으면
당신이 행복해할까
그걸 고민하는 것만으로도 나는
좀 더 나은 시인이 될 수 있을 것 같아

좀 더 나은 인간도 될 수 있을 것 같아

그대

행복한 순간과
불행한 시절

언제나 행복은 점이었고
불행은 그 사이를 잇는 선이었다

드문드문 놓여 있는 별들 사이를
보이지 않는 선으로 그어
별자리를 그리고
그걸 보며 더듬더듬 길을 찾아 걸었지만
그래 봐야 하늘은 시커멨고
나는 그게 늘 불공평하다 생각했지

저 멀리서부터 하얗게
새벽이 밝아오는 줄도 모르고

해설

사랑의 연극

조대한(문학평론가)

 강백수 시인의 두 번째 시집 『가라 인생』이다. 이유는 알 수 없지만 이 시집을 읽으며 〈버팔로 66〉이라는 이름의 옛 영화가 생각이 났다. 이제는 색감과 멜로디도 희미해진 작품일진대 실로 요행히 그렇게 되었다. 세기말에 개봉된 이 작품의 서사는 제법 단출하다. 영화는 어쩔 줄 모르는 한 남성의 모습을 비춘다. 복역을 마치고 이제 막 교도소에서 출소한 그가 이토록 안절부절못하는 이유는 자신의 처지나 미래에 대한 걱정 때문이 아니라 단지 오줌이 마려워서이다. 감독이 직접 각본과 배역을 맡아 연기한 그의 모습은 창작자의 의도처럼 다소 한심하고 변변치 못해 보인다.
 우연히 근처의 댄스 강습소에 들어간 그는 그곳에서 만난

여성을 차에 태우고 기이한 납치극을 벌인다. 그리고 그녀에게 자신의 가짜 아내 역할을 해줄 것을 부탁한다. 이유인즉슨 부모에게 복역의 과거를 숨긴 채 공무원으로 일하며 아름다운 아내와 결혼하여 살고 있다는 거짓말을 하였는데, 지금 자신이 부모님을 만나러 가는 길이라는 것이다. 뻔뻔한 그는 심지어 어렸을 적 본인이 짝사랑했던 친구의 이름을 가명으로 써달라 요구하기까지 한다. "나를 사랑하고, 아끼고, 존경하는 연기를 하면 돼. 내가 없으면 못살 것처럼 말이야."

  우연과 폭력, 막장과 낭만이 묘하게 뒤섞인 이 작품에서 두 사람은 서로의 사연을 들으며 조금씩 가까워지게 된다. 실상 남자는 부모를 포함한 세상 모든 이들에게 버림받거나 무시당하며 살아온 것처럼 보인다. 그를 지탱하고 있는 것은 자신의 인생을 망친 누군가에 대한 복수심뿐이었다. 증오와 적개심으로 살아가던 주인공은 그의 말도 안 되는 요구를 받아들이고 옆에서 모든 이야기를 묵묵히 들어준 한 명의 존재로 인해 구원받는다. 낡고 뒤틀리고 때론 불편한 이 영화는 그럼에도 마음 한구석에 피어오르는 불가피한 아름다움을 만들어낸다. 여기서 우리가 주목할 점은 그 모든 것들이 한 소절의 거짓말에서 시작되었다는 것이다.

  이번 시집의 제목인 '가라 인생'은 응원과 자조의 중의적인 의미로 비교적 명료하게 읽힌다. 다만 "모든 인연과 창작이 요행"이고 스스로의 "모든 활자는 엄밀히 말해 얻어걸렸다"(시인의 말)고 말하는 시인에게 일단 그것은 거짓의 의미에 더 가까운 듯하다. 동명의 표제작에서 '나'는 낯선 사람을 만날 때마다 한바탕 거짓 연극을 행한다. 택시에 올라탄 나는 수산시장에서 회를 뜨는 일을 하는 충청도 사내가 된다. 미용실에 들를 때는 합격에 큰 관심이 없는 9급 공무원 시험 준비생이 되기도 하고, 누군가를 만나는 나이트클럽에선 그럴듯하게 전문직으로 일하는 개발자로 화하기도 한다. 아무것도 아닌 자신의 자화상이 사뭇 두려운 나는 그때마다 "새로운 신분을 창작"하여 혼신의 힘을 다한 연기를 한다. 천연덕스레 다른 이의 삶을 기워 자신의 벌거벗은 몸에 걸쳐 입다 보면 어느새 "진짜 나는 희미해지"거나 점차 사라지는 것처럼 느껴지기도 한다.

거짓된 연극과 진실한 삶이 겹쳐지는 이러한 장면은 다른 시편에서도 종종 발견된다. 「이경규의 몰래카메라」에서 '나'는 길을 가다 지금까지 당신 주변의 일들은 모두 몰래카메라였다고 말을 건네는 한 방송인을 만난다. 얼떨떨한 나는 의심스러운 과거의 일들을 되짚으며 묻는다. "저기, 언제부터 몰래카메라였나요?" 그는 정답을 말해주기는커녕 짓궂은 웃음을 띠며 거꾸로 나에게 되묻는다. "글쎄요, 언제부터였을까요?" 그의 웃음과 질문이 무엇보다 공포스러운 것은 답을 하는 순간 "정말로 그 언제부터 지금까지의" "모든 일이 다 꾸며낸 일이 될 것만 같"이 느껴지기 때문이다. 어쩌면 나의 모든 삶이 한껏 부풀려진 허위에 불과할지도 모른다는 사실, "아무것도 아닌 삶"을 살아가는 "아무것도 아닌 놈"(「가라 인생」)의 너절한 거울을 마주해야 한다는 끔찍한 사실이 두려운 나는 스스로 짜둔 서툰 대본을 계속 연기하며 삶을 살아간다.

인물의 운명과 결말이 이미 정해져 있는 배역의 대사만을 약속처럼 내뱉으면 된다는 기묘한 안도감과, "언젠가 절대로 그 말을 해서는 안 되는 순간" 숨겨둔 나의 진실이 "펑 하고 튀어나"(「펑」)올지도 모른다는 아찔한 두려움 사이에서 나는 아슬아슬하게 꾸며진 연극배우로서의 생을 이어간다. 그렇다면 "모든 미래를 알고" "어떻게 살다가 언제쯤 어떻게 죽을지"까지 "다 알면서도 굳이 산다"(「시부야」)고 말하는 시인에게 이미 결말이 정해진 이 거짓된 연극을 지속하는 것은 과연 어떠한 의미가 있는 것일까. 예정된 파국의 끝에서 대체 "나는 무엇을 확인하고 싶은 것인가"?

*

선뜻 입을 떼기 어려운 이 질문의 답을 추측해 보기 위해선 우선 다른 작품들의 세목을 보다 면밀히 살펴야 할 듯싶다. 시집 속 '나'를 이루는 근저에는 '시와 노래'가 놓여 있다. 이는 본인 스스로를 '문학과 음악의 요정'이라 칭하는 강백수 시인 본연의 페르소나와 일정 부분 겹쳐지는 시적 관심사이기도 하다. 예술이라는 범박한 이름으로 지칭될 수밖에 없는 그 무엇은 대부분 술에 취한 이미지와 함께 그려진다. 그것은 "이천 씨씨 맥주 피쳐에 소주를 들이붓고 그걸 한 방에 마시겠다고 객기를 부리고" "거리를 낄낄거리며 달리고 울고 벽을 치다 주먹이 깨지고 그렇게 매일을 보내던 뜨거운 시절"(「퇴위」)이거나, "안온한 C키의 세계"가 아닌 "술을 마시러 나가고/욕을 하고/쓸데없는 소리를 하고" "내게 유해한 글"로 만든 "구겨 넣은 #들의 행패"(「Non-diatonic」) 같은 것으로 묘사된다.

앞서 한 사람의 구원이 다른 이의 평범한 일상을 훼손시키며 시작되었던 것처럼, 시인의 세계 역시 누군가의 안온한 일상을 뒤틀고 망치는 와중에 만들어진다. 하지만 시인은 그에 대한 적법한 알리바이를 주장하거나 자신의 세계를 미학적으로 정당화하는 데는 큰 관심이 없어 보인다. 오히려 시인은 그 '불안'과 '위태로움' 속에서 어찌할 수 없는 '아름다움'을 느낀다고 고백한다.

> 잘못은 주로 아내와 부모님과 친구들에게 하는데 뜻밖에도 나는 존경하는 검사님께 반성문을 쓰고 있다
>
> *비가 오고 있었습니다*
> *앞이 잘 안 보였고*
> *길도 익숙하지 않았습니다*

아내에게 별로 보탬이 되지 못하고 부모님도 친구들도 필요할 때만 찾는 주제에 전방주시태만과 신호위반이 죽을죄인 양 눈물겹게 빈다

저는 소득이 불규칙한 예술인입니다
가뜩이나 없이 사는데
지난 몇 년간 코로나 19로 소득은 급감하여
더없이 힘든 시절을 보냈습니다

그로 인한 피해자는 상대 차주가 아니라 제대로 된 선물 하나 못 받아본 아내와 매일 걱정해야 했던 부모님과 술값을 계산해야 했던 친구들인데 존경하는 검사님께 하소연을 해댄다

—「반성문」부분

막 사는 것 같았지
하지만 나름의 철학이 있었던 것 같아
허구한 날 술만 마시는 것 같았지만
그 어지러운 풍경 속에서
환상과 현실을 양쪽 눈으로 동시에 볼 줄 알았어
그걸 글로 적으면 문학이 되지 않을까 했지만
그런 기록을 남기는 데에는 별로 관심이 없었어

어느 후미진 골목에서 담배를 피우며

흥성거리는 풍경의 일부이고자 했지

―「스캣」 부분

  이 같은 시인의 미학을 조금 더 자세히 논의하기 위해 3부의 서두를 장식하고 있는 두 편의 시를 나란히 읽어보자. 「반성문」의 시적 화자는 교통 법규와 관련된 모종의 잘못을 저지른 듯하다. '나'가 반성문을 쓰는 이유는 자신의 죄를 조금이라도 경감시키기 위해서이다. 평소 그럴듯한 선물 하나 건네지 못했던 아내, 밤새 나를 걱정하는 부모, 늘 술값을 대신 계산해 주는 친구들에도 빌어본 적 없는 나는 얼굴도 모르는 검사에게 온 힘을 다해 스스로의 처연함과 성실함을 주장한다. "*소득이 불규칙한 예술인*"에게 너그러운 선처를 내려주신다면 오롯한 "*한 가정의 가장으로서*" "*이 사회의 건강한 구성원*"을 길러내고 스스로도 "*국가 발전에*" 에써 "*이바지하도록 하겠습니다*". 하지만 나의 본심은 대학원까지 진학했던 자신이 반성문의 맞춤법이나 고민하고 있는 작금의 상황, 몇백만 원의 벌금이 아쉬워 납작 엎드린 스스로의 모습에 대한 자조에 가까운 것 같다. 이렇듯 해당 시편은 내가 쌓아 올린 사회적 언어와 그에 어긋나는 내면의 언어의 교차 발화로 구성되어 있다. 그리고 이 두 가지 언어의 불협화음은 시인이 만들어내는 미적 세계의 핵심축을 이루는 구조적 요소이기도 하다.

아래의 작품 「스캣」은 그러한 두 세계의 겹침, "환상과 현실" "양쪽"을 넘나들며 생성되는 시적 언어의 특징을 잘 보여 준다. 작품 속에는 '나'가 기억하는 한 사람의 이야기가 그려져 있다. 다른 작품들이 으레 그러하듯 그에 대한 기억 또한 취기와 노래와 담배 연기가 뒤섞인 "어지러운 풍경"으로 남아 있다. 그는 언제나 술에 취해 있지만 술값은 단 한 번도 내지 않는 사람이었고, 특별히 재미도 없는 이야기들을 불콰한 목소리로 건네는 사람이었다. 문제는 그가 지금 어디서 무엇을 하는지, 나는 그 생사 여부도 미처 알지 못한다는 점이다. 그는 몇 년이고 연락이 끊겼다가 한 번씩 불쑥 모습을 드러낼 뿐 자신이 어떻게 살아가고 있는지에 대해서는 늘 천진한 표정으로 대답을 얼버무린다. 그럼에도 나는 이따금 그를 떠올리고 정확히 기억도 나지 않는 그의 중얼거림을 그리워한다. 묘한 깊이로 나를 울렸던 그의 이야기는 어느 곳에도 기록되어 있지 않아서 불분명한 나의 기억과 그때의 "홍성거리는 풍경의 일부"로서만 세계 내에 존재한다. 그것은 즉흥적인 스캣의 흥얼거림처럼 한순간에만 존재하는 것, 악보와 지면의 안온한 세계에서는 감각하지 못하는 현장의 소음과도 같은 것, 다시 재현해 보려고 해도 실패할 수밖에 없는 단독적인 사건이자 이미 우리를 지나쳐간 그 무엇에 가깝다.

일상의 언어로부터의 일탈이라는 점에서도, 현실에서 벗어난 어떤 시공간을 향해 있다는 점에서도 이는 '낭만'이라는 용어가 어울릴 법한 미학적 태도일 것이다. 색바랜 영화 필름, 요절한 천재 가수의 노랫말, 흑역사들로 점철된 술자리의 기억 등 시인은 우리가 마음 한구석에 감춰둔 혹은 어른이라는 무심한 이름으로 애써 잊고 지냈던 무언가를 바깥으로 다시금 꺼내게 만든다. 분명 한때는 누구보다 사랑했지만 이제는 아무것도 아니게 되어버린 어떤 시간과 풍경에 대해, 시인은 여전히 누군가는 그곳에서 오래된 노래를 부르고 있다고, "처음부터 지금까지 변하지 않은 유일한 건 나"(「카레라이스」)뿐이라고 외치며 관객도 재청도 없는 앙코르를 지속하고 있다.

물론 '낭만'과 '야만'은 일정 부분 중첩되는 면이 있기도 하여서 시인이 그린 시적 세계가 마냥 선하고 반짝이는 모습으로만 비춰지는 것은 아니다. 그러나 애초부터 그에게 시와 예술은 선하고 착한 성질의 것과는 크게 관련이 없어 보인다. 시집 속의 '나'는 술값이 없어 도망가는 범죄를 저지르다 친구가 대신 잡힌 상황이니 주변 지인이 암에 걸린 비극적인 상황에서도 그것이 나에게 벌어지는 일이 아니라서 다행이라고 생각하는 사람이고(「버러지」), 비싼 승용차를 타고 다니고 물질적으로 성공했으나 유재하의 노래 한 곡 모르는 삶을 살아온 친한 형을 내심 한심하다고 여기는 사람이다(「미지와의 조우」). 모두에게 사랑받는 누군가를 떠올릴 때면 참을 수 없이 끓어오르는 욕설과 적개심을 억눌러야 하는 사람이고, 그 찬란히 빛나는 이를 질투하고 증오하는 농도 짙은 악의를 자기

생의 원동력으로 삼는 사람이기도 하다(「욕」). 내 안에 나보다 더 커다란 어두움이 있다는 것, 정돈된 세계를 어지럽게 하는 불온한 언어의 위험한 배열 속에서만 아름다움을 느낀다는 것이 시인이 지닌 미학적 천형인 듯싶다.

일군의 고전주의 미학자들은 아름다움을 느끼는 감각이 어떠한 입법의 상위 능력으로 지배력을 행사하지 않는 자유로운 조화와 일치의 능력이라 여기며, 이러한 미감은 대상의 상태가 조화롭게 구성될 때 생겨나는 '쾌'의 느낌과 유사하다고 주장했다. 이 같은 관점에서 바라본다면 시인이 추구하는 아름다움은 온음의 조화가 방해받거나 해체된 '반미학'의 상태에 가까울 것이고, 이런 예술은 정상적인 사회 시스템과 반대되는 '사회적 일탈 행위'(수전 손택)의 은유로서 표현될 수 있을 것이다. 편안한 느낌을 추구하라는 쾌의 명령이 아닌 이토록 불안하고 위태로운 감정에 시선을 돌리고 있는 시인은 그 마음이 자신을 무너뜨리고 해하는 길임을 예감하고 있음에도 그곳으로 나아가고자 하는 가렵고 두렵고 마려운 황홀한 충동을 버리지 못하는 듯하다.

*

지금껏 많은 이야기들을 나눴지만 이런 설명만으로 논의를 마무리 짓는 것은 강백수 시인의 시세계를 절반도 채 해명하지 않는 일이기도 하다. '나'의 시와 노래에는 증오하는 대상들 못지않게 사랑하는 이들 또한 다수 담겨 있는 까닭이다. 부모, 친구, 연인, 아내, 반려동물 등 다채로운 주변의 존재들이 그에 해당하는데, 가령 「명견 강삼돌」에서 '나'는 세상을 떠나간 반려견 '삼돌'에게 애달픈 안부 인사를 건네고 있다. 비극적인 삼돌의 죽음 앞에서 내게 떠오르는 것은 과거에 그를 걷어찼던 일, 죽은 열대어를 변기에 흘려보냈던 일, 미처 사과를 끝내지 못했던 일들이다. 자신의 어둡고 부끄러웠던 시간들이 혹여 투명한 그의 영혼을 오염시켰을까 봐, 나의 꿈속을 떠도는 엄마, 병아리, 열대어처럼 한없이 슬픈 기억의 일부분으로 그가 나타날까 봐 나는 두려운 마음을 감출 수가 없다.

'나'가 아끼고 사랑하는 여러 존재들 중 가장 커다란 비중을 차지하는 이는 아마도 '당신'이나 '너'로 지칭되는 2인칭의 누군가일 것이다. 나는 멘토스를 넣으면 폭발하는 콜라처럼, 혹은 약속된 운명의 작용처럼 너를 보자마자 사랑에 빠지고(「비몽사몽」), 당신이 건네는 달콤함과 위태로움과 이별의 슬픔까지 그 모두를 음미한다(「오마카세」). 「나이롱 신자」라는 시편에서 나는 너를 섬기는 신자의 일종으로 등장한다. 내가 섬기는 신은 너, 너의 몸, 너의 마음, 너의 불가해함, 너를 잃었다는 슬픔, 그 슬픔에 대한 도취, 회한, 허전함 등으로 다양하게 그 모습을 바꾸어 나간다. '신'이라는 것이 자기 삶의 절대적

원리이자 준칙을 대타하는 명칭이라고 한다면, 너를 잃고 삶의 주요한 부분을 상실한 나는 "이제는 더 이상 신이 없다"고 되뇔 수밖에 없다.

여기서 서두의 질문과 관련하여 주목해 보아야 할 점은 '나'가 읊조리는 지극한 사랑 노래의 주인공들 대부분이 내 곁을 이미 떠나갔거나 내가 아직 만나지 못하는 이들이라는 점이다. 시인의 사랑에는 이상한 시차가 존재하여서 그는 지금 이곳에 없는 과거 또는 미래의 누군가만을 애처로이 그린다. 단조로운 일상을 살아가는 동안에는 조용히 저류를 흐르던 그들은 역류하는 물결처럼 불현듯 그에게 나타난다. 한동안 잊고 있었던 지난밤의 슬픈 꿈, "뜻밖의 장소에서 뜻밖의 사람을 만나" 느끼는 낯익은 "기시감"(「사후세계관」), 수면 위를 짧게 비추는 물속 깊은 곳의 알 수 없는 일렁거림, "처음 보는 것들로 가득할"(「탕후루」) 너머의 눈감은 세상 속에서만 그들은 잠시나마 현현하는 듯하다.

> 지구에 사람이 이렇게 많은데도
> 아직 지구에 도착하지 않은 사람을
> 미리 사랑한다
> 이미 지구를 떠난 사람을
> 뒤늦게 사랑한다

그건 이를테면

아직 눈코입도 없는 태아를

벌써 사랑해서 이름을 짓고

이미 재가 되어 흩어진 고인이

아직 그리워서 이름을 쓰는 일

—「뒤섞인 시간」부분

또 무슨 말을 적으면

당신이 행복해할까

그걸 고민하는 것만으로도 나는

좀 더 나은 시인이 될 수 있을 것 같아

좀 더 나은 인간도 될 수 있을 것 같아

—「이 한 편은 당신을 위해」부분

  위의 시 「뒤섞인 시간」에서도 여전히 '나'는 "아직 지구에 도착하지 않은 사람"을 "미리 사랑"하거나, "이미 지구를 떠난 사람"을 "뒤늦게 사랑"하고 있다. 어쩌면 시인에게 사랑이란 지금 이곳의 결핍이자 상실, 혹은 현재의 부정태로서만 가능한 이름일지도 모르겠다. 현실의 부재는 마음의 체적과 비례하는 것이기도 하여서, 아직 오지 않은 당신을 떠올리거나 이미 떠나간 너를 그릴 때마다 당신의 자리는 나의 마음속에서 한없이 커져 나간다. "이미 재가 되어 흩어진 고인"을 그리워하다 보면 언젠가 만나게 될 이후의 세계가 선연히 떠오르고, "아직 눈코입도 없는 태아"에 이름을 짓고 아끼고 사랑하다 보면 벌써 너의 존재가 이만큼 다가와 있는 듯 느껴지기도 한다. 아래의 시편 역시 마찬가지이다. 「이 한 편은 당신을 위해」에서 '나'는 지금 나에게 없는 것들을 상상한다. 그것은 당신이 행복해했거나 또는 행복해할 무언가에 대한 상상이다. 그것은 물론 환상이고 허구이지만 그러한 상상만으로 지금의 나는 "좀 더 나은 시인", "좀 더 나은 인간"이 된 것만 같은 기분을 느낀다. 좀 더 멋진 모습으로 "당신의 삶에 출연하기 위해" 나는 "평생을 대기했고" "낯선 문장을 셀 수 없이 연습했"(「필모그래피」)다. 이제 나는 당신을 위해 주어진 역할을 연기할 것이고, 그러한 배역을 충실하게 수행함으로써 새로운 나 자신을 탄생시킬 것이다.

처음으로 돌아가 보자. 앞서 살펴보았듯 영화 〈버팔로 66〉의 주인공들의 관계는 거짓된 연극으로 시작되었다. 하지만 두 사람이 함께 보냈던 하루 남짓한 짧은 순간은 텅 빈 채로 살아가던 남자의 이전 생을 모두 합친 것보다 더욱 무겁고 진실된 시간이었다. 둘 사이에 피어났던 감정들, 오고 갔던 눈빛과 조심스런 손짓들은 사랑이라는 단어로 지칭할 수밖에 없을 듯하다. 슬라보예 지젝이라는 철학자는 이 같은 연극의 가장과 수행이 만들어내는 존재들의 잔여에 대해 이야기를 남긴 적이 있다. 현재에 멈춰 있는 누군가의 질량을 '0'이라고 한다면, 이후 존재의 질량은 그가 움직이고 만든 가속화에 의해서만 발생하게 된다고 지젝은 말한다. 즉 그가 수행하고 만들어낸 가상의 여분이 해당 존재가 지닌 실체의 전부가 된다는 것이다. 이러한 논의를 참조한다면 시인이 행하고 있는 사랑의 연극과 그가 걸치고 있는 가장의 옷은 본래의 자신을 숨기는 허위의 가림막이라기보다는, 텅 비어 있는 나를 구성하고 수행해 나가는 유일한 실체이자 실은 그의 시를 읽는 우리 또한 그 안쪽에는 아무런 실체도 없는 텅 빈 존재라는 것을 드러내는 표지가 아닐까.

강백수의 시집 『가라 인생』은 당신과 억겁의 인연을 스쳐 만나는 아름다운 사랑의 설화도 아니고 인과를 약속하는 권선징악의 미담도 아니다. 그것은 싸늘한 우리의 현실처럼 적당한 우연과 무의미와 악의가 불협화음처럼 뒤섞인 시적 세계이다. 그럼에도 사랑하는 당신에게 다가가기 위해 필사적으로 발버둥 치다 보면, 아무것도 아닌 스스로가 싫어 짐짓 대단한 사람이라도 된 것처럼 연극을 행하다 보면, 자신이 꿈꾸는 행복한 미래를 미리 당겨와 현실에 자꾸 상영하다 보면, 거짓과 오물투성이 속에 살아가는 형편없는 우리도 당신과 닮은 멋진 모습으로, 최소한 그에 근사한 존재로 조금씩 변해 갈 수 있지 않을까. "무의미한 내 삶 속의 유일한 의미"(「무임금 노가다」)를 찾기 위해, 삶의 준칙을 잃어버린 지금 이곳에서 당신이라는 유일한 이유와 만나기 위해, "드문드문 놓여 있는 별들 사이를" "보이지 않는 선으로 그어" 자신만의 아름다운 흔적과 새로운 "별자리"(「그대」)를 남기기 위해 시인은 오늘도 가라로 시를 쓰고 한껏 몸을 부풀린 사랑의 노래를 멈추지 않는다.

시인동네 시인선 246

가라 인생
ⓒ 강백수

초판 1쇄 인쇄	2025년 1월 3일
초판 1쇄 발행	2025년 1월 10일
지은이	강백수
펴낸이	김석봉
디자인	헤이존
펴낸곳	문학의전당
출판등록	제448-251002012000043호
주소	충북 단양군 적성면 도곡파랑로 178
전화	043-421-1977
전자우편	sbpoem@naver.com

ISBN 979-11-5896-678-2 03810

*이 책의 판권은 지은이와 문학의전당에 있습니다.
*양측의 서면 동의 없는 무단 전재 및 복제를 금합니다.
*잘못 만들어진 책은 바꿔드립니다.